Género Ficción realista

I0799950

Pregunta esencial
¿Qué haces en tu escuela?

¿Qué puedo hacer yo?

Rachel Tandy
ilustrado por Jamie Smith

Capítulo 1

La fiesta

En la clase todos están contentos. Ganaron un concurso de arte.

—¿Hacemos una fiesta? —dice la maestra.

—¡Sí! —dice la clase.

—¿Hacemos la fiesta mañana? —dice la maestra.

—¡Sí! —dice la clase.

—¿Y dónde la hacemos?

—En el patio de la escuela —dice Mateo.

—¡Qué buena idea, Mateo! —dice la maestra.

—¡Amo las fiestas! —dice Mimí.

A todos les gustan las fiestas.

La maestra le dice a la clase:

—Necesitamos comida y limonada. ¿Qué hacemos?

Toda la clase se pone a pensar.

—Nosotros podemos traer comida —dice Pepe.

—¡Qué buena idea, Pepe! —dice la maestra.

Cada niño va a traer algo. Pepe va a traer limonada. Sami va a traer manzanas.

—Yo voy a hacer palomitas de maíz —dice Camilo.

—Y yo voy a hacer un pastel —dice Mimí—. Mi mamá me ayuda.

—Yo puedo traer platos de papel —dice Max.

—Yo puedo traer vasos para todos —dice Tomi.

Capítulo 2

¿Y Ema?

—¿Qué te pasa, Ema? —dice la maestra.

—¡Todos traen algo para la fiesta! ¿Qué puedo traer yo? —dice Ema.

Mimí tiene una idea.

—¡Necesitamos gorros de fiesta! Ema puede traerlos.

Toda la clase está contenta. Ema está más contenta.

—Me gustan los gorros de fiesta —dice Ema—. ¡Voy a hacer gorros con mi mamá!

—¡Qué buena idea, Ema! —dice la maestra.

Respuesta a la lectura

Volver a contar

Vuelve a contar detalles de *¿Qué puedo hacer yo?* con tus palabras.

Detalle	Detalle	Detalle

Evidencia en el texto

1. Mira la página 7. ¿Qué hace la maestra para recordar lo que hará cada niño? **Detalles clave**

2. Mira la página 9. ¿Qué detalles indican que Ema está preocupada? **Detalles clave**

3. ¿Cómo sabes que *¿Qué puedo hacer yo?* es ficción realista? **Género**

Género **No ficción**

Compara los textos

Lee sobre las reglas de la clase.

Reglas de la clase

En la clase hay reglas. Las reglas nos sirven para tener orden. Levantamos la mano antes de hablar. Así todos podemos escuchar lo que dicen los demás.

Anderson Ross/Blend Images

En la clase compartimos cosas. Compartimos hojas, lápices y gomas. Así todos podemos usarlos. ¿Qué reglas tiene tu clase?

Haz conexiones

¿En qué se parecen los niños de *¿Qué puedo hacer yo?* y los de *Reglas de la clase*? **El texto y otros textos**

Enfoque:
Estudios Sociales

Propósito Aprender que los juegos son más divertidos si seguimos sus reglas

Paso a paso

Paso 1 Elige un juego que te guste jugar con tus compañeros en la escuela.

Paso 2 Dibuja una tabla como esta:

Regla	Cómo nos ayuda a jugar

Paso 3 En la tabla, escribe dos reglas del juego. Escribe por qué hacen el juego más divertido.